GOZLAN

—

CHAMPFLEURY

EN VENTE CHEZ LE MÊME, LIBRAIRE

CONFESSIONS
DE MARION DELORME

PAR EUGÈNE DE MIRECOURT

60 livraisons à 25 centimes, avec gravures.
18 fr. l'ouvrage complet par la poste.

Paris. — Typ. de Gaittet et Cie, rue Gît-le-Cœur, 7.

GOZLAN

LES CONTEMPORAINS

GOZLAN

CHAMPFLEURY

PAR

EUGÈNE DE MIRECOURT

PARIS

GUSTAVE HAVARD, ÉDITEUR

BOULEVARD DE SÉBASTOPOL
rive gauche
L'Auteur et l'Éditeur se réservent tous droits de reproduction
1858

LÉON GOZLAN

Par un beau soir d'août, après une distribution de prix solennelle dans un pensionnat de Montmartre, un bourgeois de la rue du Temple ramenait triomphalement chez lui son fils chargé de couronnes.

On suivait le boulevard.

Arrivés à la porte Saint-Denis, nos promeneurs rencontrent des connaissances, et l'heureux père annonce avec orgueil que son héritier compte le premier prix de version latine parmi ses nombreuses nominations au programme.

Voulant donner une preuve immédiate des progrès extraordinaires du petit bonhomme, il montre l'inscription *Ludovico Magno*, tracée au frontispice du monument en face duquel on se trouvait.

— Traduis-nous cela, mon garçon, dit-il. Qu'est-ce que cela veut dire en langue française ?

— Cela veut dire *porte Saint-Denis*, parbleu ! répond le lauréat avec un aplomb superbe.

Nous trouvons une anecdote à peu près semblable dans la vie de collége de Léon Gozlan.

L'auteur du *Notaire de Chantilly* et du

Médecin du Pecq est né le 21 septembre 1806, à Marseille, patrie de Méry, d'Eugène Guinot, de Louis Reybaud, d'Amédée Achard et de vingt autres écrivains de l'époque.

Son père, un des principaux armateurs de Marseille, le destinait au commerce maritime, et recommandait à ses maîtres de lui enseigner de préférence les langues indispensables aux négociants qui exploitent le littoral de la Méditerranée.

Ces recommandations parurent scrupuleusement suivies.

A la fin d'une année scolaire, Léon conquit à la fois un prix de grec et un prix d'arabe.

M. Gozlan père, enthousiasmé, court sur le port, invite à dîner un capitaine turc et un capitaine grec, et les prévient que son fils est capable de soutenir avec eux une conversation dans leur langue nationale.

— Avez-vous de l'appétit, mon jeune Hellène? demande au collégien le capitaine grec, après le potage.

Léon ouvre de grands yeux et ne comprend pas un mot de la phrase. Pourtant le convive s'exprime dans le plus pur idiome du Péloponèse.

— Voyons, enfant, dit à son tour le capitaine turc en très-bon arabe, veux-tu faire avec moi le voyage de Constantinople?

Point de réponse.

Gozlan fils reste la bouche béante, et considère les deux étrangers avec une détresse comique.

— Eh quoi! petit fourbe, s'écrie Gozlan père avec indignation, voilà comme tu possèdes l'arabe et le grec?

— Mais, papa, je sais le grec ancien. Beaucoup de mots du grec moderne en diffèrent, et, d'ailleurs, on ne le prononce pas au collége comme à Athènes.

— D'accord... mais l'arabe, petit drôle! l'arabe?

— Papa, mon professeur n'a jamais quitté la France. Je vois qu'il ne m'a pas enseigné la véritable prononciation.

— Va-t'en, double effronté! cria M. Gozlan père. Ton maître est un voleur, et toi... tu ne dîneras pas!

Triste et singulier retour des choses de ce monde!

Notre malheureux collégien fut condamné au pain sec, le soir même de son triomphe à une distribution de prix.

On l'envoya, l'année suivante, dans un établissement où les études spéciales pour les voyages de long cours se faisaient avec plus de conscience.

Ruiné, sous l'Empire, par les corsaires anglais, qui avaient capturé ses vaisseaux, M. Gozlan père tenait à réparer le désastre, et demandait à être aidé par son fils le plus tôt possible.

Ce dernier semblait avoir toutes les dispositions requises pour devenir un loup de mer de premier choix.

A dix-sept ans, Léon fait voile pour l'Algérie avec une cargaison de vin de Champagne.

La traversée est on ne peut plus heureuse ; mais le liquide petillant, trop chargé de gaz, éclate pendant la route, à fond de cale, et notre héros débarque sur la côte d'Afrique avec une poche presque vide et un nombre considérable de bouteilles cassées.

Il ne perd pas courage.

D'un caractère vif, hardi, résolu; comptant sur son intelligence, sur son audace, et un peu sur le hasard, il traite avec un navire mexicain en partance pour la Chine.

Mais, à peine a-t-il franchi Gibraltar, qu'une querelle s'élève entre lui et le commandant du bord.

On dépose le jeune homme à terre, et presque aussitôt il s'associe à une troupe de caboteurs décidés à explorer les côtes d'Afrique, jusqu'au Sénégal.

Dans cette excursion, Léon Gozlan court un danger terrible.

Tandis qu'on relâche dans une île pour

faire de l'eau, son capitaine et lui, descendus à terre, se préparent à chasser durant quelques heures.

Ils se trouvent en présence d'une nature splendide, et font lever à chaque pas des oiseaux d'un si merveilleux plumage, que Léon Gozlan, déjà poëte, s'imagine voir « de l'or, de la nacre, du soufre et de l'ébène qui volent[1]. »

Un phénomène étrange frappe ses regards.

Ce phénomène a lieu sur un arbre, dont toutes les feuilles s'agitent, bien qu'il n'y ait pas un souffle dans l'air, et prennent tour à tour, à chaque seconde, les nuances les plus éclatantes et les plus variées.

[1] Il a rendu compte lui-même, dans *le Musée des Familles*, de ses impressions de voyage au Sénégal.

Léon s'approche.

Aussitôt le bleu, le rouge, le violet et l'or tourbillonnent et disparaissent à tire-d'aile. Notre chasseur, en extase, ne songe pas à envoyer la moindre balle à ce prisme éblouissant qui s'envole.

Tout à coup une espèce de grognement le fait tressaillir.

D'un bois de palmiers voisin débusque un nègre à stature colossale, dont les flancs sont ornés d'une ceinture de maroquin rouge, garnie de poignards.

Un second nègre sort du bois, puis un troisième, puis dix, puis vingt, puis cinquante, puis autant qu'il y avait tout à l'heure d'oiseaux sur l'arbre.

Cette noire phalange se dispose à entourer Léon Gozlan, qui cherche de l'œil son capitaine et ne l'aperçoit plus. Mais une détonation se fait entendre. Il crie de toutes ses forces, et le second chasseur accourt.

Les voilà deux contre cent nègres, dont l'œil est plein de menace et de convoitise.

Gozlan croit comprendre à leurs signes qu'ils demandent de la poudre. Il vide sa poudrière dans les mains qui se tendent, et son capitaine l'imite, tout en prenant soin, l'un comme l'autre, de se rapprocher graduellement du rivage et de ne pas laisser les nègres former cercle autour d'eux.

La poudre épuisée, nos chasseurs distribuent des plombs ; mais les plombs s'épuisent à leur tour, et cinquante nègres, qui n'ont rien eu dans le partage, poussent des cris féroces, parviennent à entourer les deux marins, encore à plus de trois cents pas de la mer, et font mine de vouloir les dépouiller de leurs armes.

— Alerte, capitaine, ou nous sommes perdus! crie Gozlan.

Tous deux, alors, avec cette énergie que donne l'imminence du danger, brandissent leur carabine, assomment à coups de crosse les nègres les plus entreprenants, s'ouvrent un passage, et courent à toutes jambes du côté de leur barque.

Un insulaire est sur le point d'atteindre Léon, qui se retourne et se met en défense.

Aussitôt le nègre lui lance son poignard à la tête.

L'arme siffle, fend la main que le jeune homme avait élevée pour parer le coup, et lui fait dans le front une entaille profonde[1].

A la vue du sang qui coule, la horde sauvage pousse des hurlements sinistres.

Mais Gozlan blessé n'est pas vaincu.

D'un vigoureux coup de crosse il étend roide mort son agresseur, décharge sa carabine sur le groupe, rejoint en deux bonds son capitaine occupé à démarrer la barque, et tous deux prennent le large, après avoir encore assommé cinq ou six nègres qui essayaient de les poursuivre à la nage.

Heureusement notre héros ne fut pas deux fois acteur dans un pareil drame.

La rancune de Léon Gozlan contre la

---

[1] Léon Gozlan montre encore aujourd'hui la cicatrice de cette blessure.

race africaine ne le décida jamais à faire le commerce des esclaves, ainsi que plusieurs de ses ennemis ont osé le prétendre.

Il vit les caboteurs opérer leurs transactions ignobles sans y prendre part.

Du reste, s'il avait besoin d'être lavé d'une accusation semblable, l'état de pauvreté dans lequel il regagna la France le justifierait complétement.

— Quelle impression avez-vous rapportée du spectacle de la traite des noirs? lui demandait une dame trop curieuse.

— Une vive admiration pour les blondes, riposta notre ex-marin.

La dame était brune.

Intimement convaincu que jamais il ne s'enrichirait par le cabotage, le jeune homme ne quitta plus Marseille, où il sollicita et obtint une place dans l'enseignement. Il y avait si peu de rapport entre cette carrière et la précédente, que chacun lui disait :

— Mais pourquoi diable vous faire professeur ?

— J'enseigne pour apprendre, répondait Gozlan.

De cette époque datent ses premiers essais en littérature, et nous le voyons arriver à Paris, en 1828, avec un volume de poésies fugitives, que personne, hélas ! ne voulut lui acheter.

Léon Gozlan n'était point assez riche pour conclure un de ces marchés inqualifiables dont nous aurons un jour à rendre compte, et qui ont fait gagner dix mille écus de rente à certain éditeur de la rue des Beaux-Arts.

Que cette fortune lui soit légère !

Voyant qu'il ne plaçait point les produits de sa plume, Gozlan se décida, pour vivre, à entrer, en qualité de commis, chez un libraire, et à vendre les ouvrages des autres.

Méry, son compatriote, le tira de cette extrémité fâcheuse, et lui ouvrit les horizons du journalisme.

L'Incorruptible, dirigé par Lhérie, beau-frère de Brunswick, et *le Figaro*, que Nestor Roqueplan tenait alors sous sa tutelle, accueillirent le jeune Marseillais et lui commandèrent des articles[1].

— Vous êtes du pays des hommes de talent, lui dit Nestor. Je suis sûr, en con-

---

[1] Il fut aussi l'un des plus actifs rédacteurs du *Vert-Vert*, du *Corsaire* et d'une foule d'autres petits journaux.

séquence; que vous m'apporterez beaucoup d'esprit et de verve. Mais, vous le saurez, mon cher, on n'entre ici qu'avec une *haine*. Si vous n'en avez point, empruntez-en une!

Nestor, dans ce nouveau rédacteur, fit une acquisition rare.

Dès le premier jour, Gozlan se montra de première force. Agressif de sa nature et frondeur, il donna bientôt au journal les articles les plus mordants et les plus acérés. Chacun tremblait devant ses attaques, et lui ne redoutait personne. Quiconque s'avisait de lui tirer un cheveu était sûr de se faire arracher un œil.

Parfois néanmoins il se montrait débonnaire et se contentait d'assommer l'agresseur avec l'arme dont on essayait de faire usage pour le combattre.

Un audacieux s'avisa d'écrire que Gozlan avait été pirate, et qu'il avait tué son capitaine.

« Ce monsieur a parfaitement raison, répondit Gozlan. J'ai, en effet, tué mon capitaine; mais il oublie quelque chose: après l'avoir tué, je l'ai mangé. »

Notre journaliste fut le premier qui décora les républicains de l'épithète originale de *bousingots*.

Trouvant la plaisanterie de mauvais goût, ces messieurs se mirent en rage.

La cité Bergère fut envahie, un soir, par une bande armée, qui poussa des hurlements sous les fenêtres du journal et provoqua ses rédacteurs au combat.

C'étaient les *bousingots*.

Ils arrivaient là cinquante ou soixante,

terribles, menaçants, avec la barbe inculte et le large chapeau de l'ordre.

Léon Gozlan et ses collaborateurs, voyant les bureaux envahis, jouèrent de l'espadon, et contraignirent leurs adversaires barbus à descendre beaucoup plus vite qu'ils n'étaient montés.

Trois sergents de ville achevèrent la déroute.

Heureux d'avoir vaincu les *bousingots* par le ridicule et par le sabre, notre héros inventa, pour le plus grand plaisir des lecteurs du *Constitutionnel*, ce fameux serpent de mer, destiné à reparaître dans les colonnes du patriarche toutes les fois que la Chambre ne lui fournissait plus de tartines.

Ce gigantesque canard était nourri et entretenu par Léon Gozlan.

Après s'être révélé journaliste, tout à coup et sans préambule, le spirituel écrivain aborde la nouvelle, et devient brusquement et sans transition le plus habile des conteurs. A cette lave d'esprit qui a débordé dans *le Figaro* succèdent des narrations tranquilles, dictées par un fin talent d'observateur, et pleines de trait, d'aisance et de charme.

Gozlan n'a point de rival pour le genre satirique gracieux.

Les premières nouvelles qu'il publia dans *la Revue de Paris* et dans *l'Europe littéraire* se distinguent par un incontestable mérite de verve soutenue et d'originalité piquante.

Il passa bientôt de la nouvelle au roman, et fit paraître, en 1836, *le Notaire de Chantilly*.

Le titre principal du livre était *les In-fluences*. Embrassant tout d'abord un cadre vaste et défini, Gozlan se proposait de peindre tous les hommes qui exercent sur la société quelque action puissante, comme le notaire, le médecin, le juge [1], le député, le prêtre, etc.

Mais il crut devoir s'arrêter au second tableau, qui est *le Médecin du Pecq*.

Nous pensons que l'avénement de *la Comédie humaine* fut pour quelque chose dans cette détermination. Il céda la place à Balzac, son maître.

En 1837, parurent *Socrate Leblanc*,

---

[1] Un lecteur malin nous signale dans les œuvres de notre héros certaine diatribe violente contre le procureur du roi (style d'histoire ancienne), et nous prie de la reproduire. Elle commence ainsi : « Buffon, dans son immortelle histoire des carnivores.... » Mais à quoi bon réveiller les procureurs du roi qui dorment?

Washington Levert et les Méandres.

Sous ce dernier titre, Gozlan rassembla douze nouvelles délicieuses, dont l'une surtout, *Comme on se débarrasse d'une maîtresse*, est un chef-d'œuvre de style, de grâce et de sentiment[1].

Une nuit blanche, — *Rosemary,* — *Céleste,* — *le Château de Rambouillet,* — *le Plus beau rêve d'un millionnaire,*

---

[1] Les autres nouvelles sont : *la Main cachée,* — *la Villa Marivigliosa,* — *une Visite chez Bernardin de Saint-Pierre,* — *le Blocus continental,* — *le Fifre,* — *Dernier épisode du Naufrage de la Méduse,* — *Elisa Mercœur,* — *Léopold Spencer,* — *Oglou le Pirate,* — *le Premier Navire à vapeur en Afrique,* — et *Dupont d'Arcole à Montereau.* Léon Gozlan publia, vers 1839 *les Tourelles, histoire des châteaux de France,* ouvrage curieux, qui tient à la fois du roman et de l'histoire : du roman, par la forme dramatique et descriptive; de l'histoire, par la science et par la véracité. Peu de livres sont écrits d'une manière plus attachante et en plus belle prose.

— et la *Dernière sœur grise* furent publiés de 1840 à 1842.

Notre écrivain, à cette époque, aborda pour la première fois le théâtre. Sa première tentative fut un succès. Tout Paris courut applaudir à l'Odéon *la Main droite et la main gauche.*

Mais que de tracasseries l'auteur de ce drame eut à subir!

Gozlan destinait d'abord son œuvre à la Renaissance. A peine le théâtre eut-il envoyé le manuscrit à la censure, que la police ombrageuse de M. Guizot en fit expédier une copie à Londres. Le *Times* publia une traduction de la pièce et démontra que l'Angleterre y était attaquée de la façon la plus indigne.

Aussitôt Guizot de faire suspendre les répétitions.

L'auteur réclame. On l'oblige à de nombreuses coupures, et les études reprennent. Mais les susceptibilités anglaises ne sont point calmées. Guizot tremble, et la pièce est de nouveau proscrite.

— Enfin, les ciseaux ministériels s'étant une seconde fois exercés sur le drame, on annonce la première représentation. Le public est à la porte et les bureaux vont s'ouvrir, quand arrive tout à coup une estafette de Guizot.

Sous les yeux de la foule, un garçon de théâtre colle sur l'affiche cette bande significative :

RELACHE PAR ORDRE.

Aussitôt le public s'exaspère. Tout se devine. Des jeunes gens franchissent les balustrades, mutilent à coups de canifs la bande fraîche encore et ne laissent plus subsister que :

.. LACHE PAR ORDRE.

Gozlan était vengé.

Ce fut alors qu'il porta sa pièce à l'Odéon. La rancune ministérielle l'y suivit : on ne laissa représenter l'œuvre qu'après de troisièmes et larges coupures.

Dans *la Main droite et la main gauche*, madame Dorval se décida pour la première fois à jouer un rôle de mère. Elle fut applaudie avec enthousiasme. Néanmoins, dès le second acte, un accident bizarre faillit compromettre le succès.

Madame Dorval rentra tout à coup dans la coulisse en donnant des signes de colère et de désespoir. Elle crachait, toussait et se raclait la langue.

— Eh! bon Dieu! qu'avez-vous? crie Gozlan, courant à elle.

— Ah! mon ami! répond l'actrice suffoquée, figurez-vous... Miséricorde! j'étouffe!

— Parlez, je vous en conjure.

— Les brigands!... ils m'ont donné du chat!

— Du chat? fit Gozlan confondu.

— Oui, mon ami, du chat!... C'est horrible! A chaque mot que je prononçais tout à l'heure, il m'entrait dans la bouche au moins cinquante poils.

Ce disant, la malheureuse comédienne continuait de se gratter la langue, demandant à cor et à cris de l'eau pour se gargariser. Elle avait avalé quelque chose comme la moitié de sa pelisse, dont la fourrure, extrêmement suspecte, se détachait au moindre mouvement et volait jusque dans sa gorge.

La crise eut enfin un terme.

Dorval changea de pelisse et reparut sous la rampe.

A ses côtés, dans la pièce de Gozlan, jouait l'illustre Bocage.

Celui-ci avait beaucoup chicané l'auteur aux répétitions, à propos de certain passage où Gozlan compare les amoureux à des oiseaux qui gazouillent.

— Monsieur, lui dit le sagace artiste, aussi fort en littérature qu'en politique, le parterre n'aime absolument que les oiseaux rôtis.

— Ah ! c'est ce que nous verrons ! fit Gozlan.

Le jour de la première, Bocage crut devoir revenir à la charge, uniquement dans l'intérêt de l'auteur.

— Eh bien, demanda-t-il, enlevons-nous les oiseaux ?

— Pas le moins du monde, répondit Gozlan.

— Je serai sifflé, monsieur.

— Non, vous serez applaudi.

Effectivement le public reçut on ne peut mieux la tirade, et Gozlan, voyant son interprète quitter la scène, lui cria :

— Vous aviez tort, nos oiseaux passent.

— Il fallait Bocage, monsieur, pour faire avaler ces oiseaux-là ! répondit le modeste et grand artiste.

Éve, drame en cinq actes, représenté l'année suivante à la Comédie-Française, n'eut pas le succès de *la Main droite et la main gauche.*

Trop de faits, trop d'incidents, et, disons-le, trop de mots spirituels, nuisirent à la simplicité de l'œuvre, à la netteté de l'ensemble. *Notre-Dame des Abîmes* permit à Gozlan de prendre une revanche à l'Odéon. Toutefois, cette dernière pièce est moins remarquable que *les Cinq minutes du Commandeur*, drame tombé au même théâtre, et où des juges compétents ont reconnu de grandes et sérieuses beautés.

En 1848, à une époque où les administrations théâtrales étaient en désarroi, Gozlan fit d'excellentes recettes avec son *Livre noir.*

Nous avons oublié de dire en temps et lieu que Louis-Philippe, depuis la persistance toute méridionale de notre héros à faire jouer *la Main droite et la main gauche*, lui conservait une rancune profonde. Sur chaque liste de décorations, la plume royale biffait le nom de Léon Gozlan, ce qui ne laissait pas que d'être fort triste pour l'amour-propre de l'écrivain... et pour son habit noir.

— Il faut pourtant vaincre l'obstination de ce vieux bonhomme! dit un jour assez irrespectueusement madame de Girardin, dont Léon fréquentait les soirées intimes.

Elle va trouver le ministre Salvandy et lui monte la tête.

L'auteur d'*Alonzo* court plaider dans le cabinet du roi la cause du protégé de la dixième Muse.

Mais Louis-Philippe lui coupe la parole.

— Impossible ! s'écrie-t-il, impossible ! M. Gozlan est mon ennemi.

— Je ne le savais pas, répond le ministre. Dorénavant, sire, je ferai viser mes lettres de nomination par le commissaire de police.

Cette réponse un peu verte trouble le monarque.

L'auteur des *Méandres* n'est point effacé de la liste. On l'appelle au ministère pour lui apprendre cette bonne nouvelle. Comme il attend son tour d'audience, assis dans les antichambres, Roger de Beauvoir survient.

— Que fais-tu là ? demande-t-il à Gozlan.

— Mon cher, répond le spirituel romancier, je fais les stations de la croix.

De 1843 jusqu'à ce jour, notre écrivain n'a pas négligé le livre pour le théâtre. *Aristide Froissart*, son roman le plus original et le plus excentrique, — *les Nuits du Père-Lachaise*, dont le succès fut immense, — *le Dragon rouge*, — *les Aventures merveilleuses du prince Chènevis et de sa jeune sœur*, — *le Tapis vert*, — *les Vendanges nouvelles*, — *la Ville des gens de bien*, — *la Comtesse de Brésnes*, — *Suzon la cuisinière*, — *la Première Jalousie*, — *Trois fronts pour un diadème*, — et *Georges III*, sa dernière publication, peuvent convaincre ceux qui douteraient du talent et de la fécondité de l'auteur[1].

[1] Il serait trop long d'énumérer toutes les œuvres qu'il a produites. Cependant il est impossible de pas-

Néanmoins, il faut le dire, Gozlan réussit mieux dans la nouvelle que dans le

ser sous silence l'*Histoire de cent trente Femmes* et la *Comédie des Comédiens.* Ce dernier livre renferme six nouvelles, dont l'une, *le Lilas de Perse*, mériterait d'être signée Balzac. *Un Homme plus grand que Charles-Quint,* — *l'Oiseau en cage,* — *l'Agneau, la Vache et le Pigeon,* — *les Belles Folies,* — *Échec à l'Éléphant* — et *la Terre promise* doivent être aussi ajoutés à la liste des meilleures élucubrations de Léon Gozlan. Sous ce titre, *la Folle du Logis*, il vient de réunir huit nouvelles adorables : *une Vengeance en miniature,* — *les Lettres d'amour,* — *le Feu, histoire de quatre savants,* — *Pour un Cheveu blond,* — *Encore une Âme vendue au Diable,* — *les Petits Machiavels,* — *Mouton,* — *Voyage de M. Fitz-Gérald.* Il a enrichi le livre des *Cent et Un* de deux morceaux remarquables : *la Morgue* et le *Napoléon noir.* Tour à tour on l'a vu collaborer à *la Revue des Deux Mondes*, à *la Revue de Paris*, au *Keepsake américain*, à *l'Artiste*, à *la Revue britannique*, au *Journal des Connaissances utiles*, au journal maritime *le Navigateur* et à la publication des *Français peints par eux-mêmes*. Les bibliographes Louandre et Bourquelot prétendent que Léon Gozlan signa plusieurs nouvelles importantes du pseudonyme de RAYMOND, et qu'il publia chez Ladvocat, à la fin de 1828, sous le manteau de l'anonyme, un livre assez leste, qui a pour titre *les Mémoires d'un Apothicaire.*

livre de longue haleine. Chez lui, la corde du cœur ne vibre pas avec assez de puissance; les passions sont froides, le drame manque de souffle.

Gozlan n'émeut que médiocrement, parce qu'il n'est point ému lui-même.

Les pages où il se montre véritablement supérieur sont toujours celles où sa plume suit le courant de la fantaisie, de l'observation fine, du sarcasme spirituel et de l'humour.

Peu de littérateurs ont salué la Révolution de 1848 avec enthousiasme.

Bien que cette Révolution le débarrassât de Louis-Philippe, son ennemi, Léon Gozlan n'eut pour elle aucun élan sympathique.

On déplorait, au cercle de madame de Girardin, la triste perspective que le nouvel état de choses offrait aux lettres. Un feuilletoniste, assis près de Gozlan, lui dit avec angoisse :

— Mais que ferons-nous de notre plume ?

— En effet, cela devient inquiétant, répond l'auteur du *Médecin du Pecq*. Moi, je vais acheter une boutique d'épicier rue Saint-Denis, et je prendrai pour enseigne : *A la plume qui file.*

Peu de jours après Février, notre héros est accosté dans la rue par un *bousingot* de vieille souche, le citoyen Fournier Saint-Amant, devenu gouverneur des Tuileries.

Ce galant homme l'invite à dîner au château.

—Très-volontiers, dit Gozlan, Louis-Phi-

lippe ne m'aurait pas ainsi prié à sa table.
La République a du bon. Dîne-t-on bien
chez vous ?

— Ma foi ! le mieux possible. Du reste,
vous verrez, répond le gouverneur.

On entre.

Le couvert est mis, et l'on apporte un
potage, au milieu duquel circulent une
myriade de petits grains noirs qui ne
semblent pas témoigner en faveur de la
propreté des cuisines.

Gozlan mange avec répugnance et n'ose
rien dire.

Mais, voyant tous les plats qui arrivent
saupoudrés de ces atomes noirâtres, il ne
peut réprimer son inquiétude, bien que le
service exhale un fumet délicieux.

— Quel diable d'ingrédient votre cuisinier fourre-t-il dans ses casseroles? demande-t-il à son hôte.

— Mon cher, répond celui-ci, les insurgés n'ont eu peur ni du vin des caves, ni du gibier des offices; mais ils ont eu peur des truffes. Ne les connaissant pas, ils craignirent de s'empoisonner. Nous profitons de leur ignorance culinaire, et nous mangeons tous nos plats aux truffes.

Gozlan, rassuré, fêta la table républicaine et dîna comme un roi.

La semaine suivante, il fut moins bien traité au Luxembourg, où Charles Blanc, son ami, voulut le conduire. C'était la veille de la retraite de Louis Blanc; le repas fut très-maigre.

— Vous voyez, lui dit le chef de la commission des travailleurs, nous ne mangeons point ici d'ananas, quoi qu'on dise. Au surplus, je quitte le Luxembourg.

— Diable! fit Gozlan. Je ne croyais pas assister au dernier banquet des jacobins!

Fort peu jacobin lui-même, il s'avisa, dans *la Goutte de lait*, petite comédie représentée vers cette époque, sur le théâtre des *Variétés*, de tourner les prétentions aristocratiques en ridicule; et la gentilhommerie parisienne lui organisa une chute retentissante.

Les deux premières représentations excitèrent l'ouragan des sifflets.

A la troisième, il y eut bataille au parterre. Un claqueur reçut une blessure mortelle. On traîna pendant cinq minutes un vieillard par les cheveux, et l'on assomma plus ou moins cinquante individus. Tous les souvenirs d'*Hernani* et des luttes romantiques furent éclipsés.

Gozlan reprit sa pièce, et ne voulut jamais permettre qu'on la livrât à l'impression. C'était le moyen le plus simple d'étouffer la querelle.

Ses autres comédies ou vaudevilles eurent une destinée moins orageuse.

Un Cheveu blond, — *Trois Rois, trois Dames,* — *le Coucher d'une Étoile,* — *Dieu merci, le couvert est mis,* — et *le Lion empaillé* ne furent interrompus que par les applaudissements.

A la Comédie-Française, *Une Tempête dans un verre d'eau,* — *la Queue du chien d'Alcibiade,* — *la Fin du roman,* ont égayé tour à tour et rajeuni le répertoire. **Le Gâteau des Reines**, au même théâtre, vient d'obtenir un glorieux accueil.

Nous avons dit que notre héros n'aimait point la République. Celle-ci pourtant daigna lui faire les plus flatteuses avances.

Une fois les pavés de Juin remis en place, le général Cavaignac ouvrit ses salons.

Il y convia les notabilités parisiennes.

Entendant, un soir, annoncer Léon Gozlan, il courut à sa rencontre, et lui dit avec cet air aimable qu'on a toujours soupçonné d'être de l'affectation :

— Monsieur, on ne peut s'être moins vu et se connaître davantage.

A la fin de 1849, une violente atteinte de choléra faillit enlever le spirituel écrivain. Il alla chercher hors de la frontière le retour de ses forces, et visita Bruxelles.

Comme il se promenait par les rues de la ville, un portrait enluminé attire ses regards à l'étalage d'un libraire. Ce portrait offre sa ressemblance exacte, sauf des joues roses et des cheveux blonds.

Or notre enfant de Marseille est bronzé comme un Maure, et ses cheveux sont plus noirs que l'aile du corbeau.

Entrant dans la boutique, il demande :

— Quel est ce portrait ?

— C'est celui de M. Léon Gozlan, répond le libraire.

— Bah !... Voyez ma tête, dit l'original, ôtant son feutre. Permis à vous, monsieur, de contrefaire mes livres, mais ne contrefaites plus mes cheveux !

Avant de quitter Bruxelles, Léon Gozlan n'oublia pas de s'acquitter d'une commission très-importante que lui avait donnée Laurent Jean.

Ce dernier, aussi peu républicain que son illustre ami Balzac, souffrait beaucoup d'entendre le cri perpétuel de *Vive la République!* et menaçait de tomber malade d'une envie rentrée de crier autre chose.

— Heureux mortel! dit-il en voyant Léon partir pour la Belgique. Tu vas chez un peuple qui se livre sans gêne à son enthousiasme. Je te supplie, je te conjure de crier pour moi bien fort et à plusieurs reprises : *Vive le roi!* Tu m'indiqueras dans une lettre le jour où tu auras eu ce bonheur.

Gozlan jura d'exécuter ce qu'on lui demandait.

Il alla donc, à Bruxelles, se placer en

faction dans le voisinage du château royal.

Quand Léopold vint à paraître, le consciencieux auteur déploya toute sa puissance pulmonaire pour s'acquitter de la promesse qu'il avait faite à Laurent Jean. Puis il se dirigea sur Anvers, avec la satisfaction que donne un devoir accompli.

Notre héros vécut longtemps lui-même dans l'intimité de Balzac.

Il a donné à *la Revue contemporaine* de curieux souvenirs des Jardies, cette maison fabuleuse, dont le grand romancier s'était fait l'architecte, et qu'il voulait enrichir de toutes les merveilles des arts.

Sur les murs encore blancs, Balzac avait charbonné ces phrases candides :

« Ici, un plafond d'Eugène Delacroix ; — ici, du marbre de Paros ; — ici, une boiserie de cèdre ; — ici, des panneaux de palissandre ; — ici, une fresque d'Ingres. »

Arrivant aux Jardies, et voyant ces féeriques projets, Gozlan, railleur, écrivit sur une place encore nette :

« Ici, un tableau de Raphaël hors de prix, comme on n'en a jamais vu, et comme il n'y en a pas. »

Quelqu'un lui demandait un jour.

— Savez-vous de quoi Balzac est mort ?

— De quarante volumes, répondit Gozlan.

Lorsque *Vautrin* fut suspendu par le

pouvoir, notre héros essaya d'obtenir du ministère une indemnité pour le théâtre et pour l'auteur. M. de Rémusat répondit par un refus, alléguant que le ministre auquel il venait de succéder avait absorbé tous les fonds.

— Il est fâcheux, monsieur, dit Gozlan, qu'en France un ministre se trouve toujours placé entre le mal qu'a fait son prédécesseur et le bien qu'il laissera à faire à son successeur.

Plus Léon Gozlan travaille, plus il progresse dans l'art si difficile de composer avec simplicité et d'écrire avec goût. Son imagination n'éprouve pas la moindre fatigue; elle rayonne de jeunesse et de fraîcheur.

Gozlan est un écrivain de la vieille roche.

Il respecte son art et lui voue une adoration constante. Ses productions les plus légères sont châtiées et polies avec un soin extrême.

A l'exemple de beaucoup d'hommes de lettres, il se lève à deux heures du matin, s'excite à la veille par quelques gorgées de café, et travaille jusqu'à neuf heures.

Figaro prétend que l'auteur du *Notaire de Chantilly* va publier ses *Mémoires*. Allons donc ! le héros de cette notice est connu pour sa dignité de caractère et sa haine du charlatanisme. Il est incapable de se livrer aux indécentes spéculations du mousquetaire Dumas et de madame Sand.

Ah ! barbier d'enfer, où prends-tu tes nouvelles ?

———

....
.... mais je suis
un écrivain ; je ne suis qu'un
écrivain qui, arrêté à ce
le charme de la litt...
... depuis vingt ans
...ion de reprendre la

CHAMPFLEURY

CHAMPFLEURY

Publié par G HAVARD

CHAMPFLEURY

Avez-vous jamais compris les querelles d'école?

Depuis vingt-cinq ans ils se battent sur le terrain des lettres, qui pour une doctrine, qui pour une autre, et, chose étrange, il n'y a pas le plus léger prétexte à bataille. Tout le monde a raison.

Pourquoi donc alors tirer tant de glaives et déployer tant de bannières? Est-ce que l'art n'est pas multiple? Avez-vous le droit de l'envisager seulement sous une de ses formes, en jetant le voile sur toutes les autres? Vous seriez les premiers à rire du lapidaire assez absurde pour ne tailler qu'une seule facette à un diamant.

Ceci est à l'adresse de MM. Champfleury et Courbet, deux fiers paladins, morbleu! L'idéal n'a qu'à bien se tenir, le *réalisme*[1] n'en fera qu'une bouchée.

— O grand'mère! que vous avez de grandes dents!

— Voyons, messieurs, renoncez à jouer le rôle du loup ; ne croquez pas ce pauvre petit Chaperon rouge. École réaliste! il ne fallait plus, en vérité, que celle-là pour

---

[1] C'est-à-dire exactitude absolue, reproduction nette, scrupuleuse, et, au besoin, triviale, de tous les types, en littérature comme en peinture.

faire suite à l'école classique, à l'école romantique et à l'école du bon sens, qui ont voulu nous manger tour à tour. Si vous êtes sages, vous vous bornerez tout simplement à l'exploitation de votre genre, sans décrier celui des autres. Un amateur qui s'extasie devant les tableaux de l'école flamande n'ôte absolument rien au mérite des fresques de Raphaël... Non, messieurs ! et le meilleur roman de Balzac n'enlève rien à l'éclat du diadème poétique de Victor Hugo. Nous avons frémi, hier, aux sinistres développements d'un drame: demain nous assisterons sans déplaisir à une représentation de *la Ciguë* ou de *Mademoiselle de la Seiglière*. Bien plus, quelquefois, le soir, si Rachel n'est point en Russie ou à New-York; si la chaleur n'est pas trop étouffante et si notre digestion n'est pas trop pénible, eh bien, nous supportons volontiers une tragédie de Corneille... Oui, messieurs ! et le public nous ressemble

Vous voyez qu'une école ne démolit jamais l'autre. Nous acceptons votre *réalisme* comme une des formes de l'art, comme une des facettes du diamant, et nous ne reconnaissons en littérature qu'une seule doctrine, celle du goût.

L'auteur de *Mademoiselle Mariette* est né à Laon, le 10 septembre 1821.

Son aïeul, qui s'appelait Husson, changea son nom patronymique, et transmit à ses descendants celui de Fleury. Le petit-fils, à son tour, jugea convenable d'ajouter un *champ* de plus à l'héritage et de signer Champfleury. Or ce soin délicat de poétiser un nom nous semble tout à fait contraire aux principes du *réalisme*, et le jeune écrivain se trouve, dès le début, en opposition directe avec son école.

Voilà de nos apôtres !

Champfleury, dans les *Souffrances du professeur Delteil*, confesse trop ingénument les énormités de sa vie de collège pour que nous prenions à tâche de lui administrer de nouveau ce que jadis il a dû recevoir plus d'une fois, des coups de férule. On lit son histoire en parcourant celle du *petit Bineau*, ce méchant espiègle, qui rapportait sans cesse à la maison des culottes déchirées et d'abominables bulletins, où, parmi les nombreuses observations du maître, *conduite légère* était la moins triste et la moins accablante.

Dès l'âge le plus tendre, Jules ne manifesta d'enthousiasme que pour la musique ou la lecture des pièces de théâtre.

Madame Fleury ne put vaincre chez son fils les instincts de la dissipation et du vagabondage qu'en lui permettant de lire les œuvres de Molière. Jules se délectait surtout aux intermèdes et aux divertissements, où le grand auteur comique use à satiété du bâton et de la seringue.

Le goût décidé que notre héros manifesta plus tard pour la pantomime ne fut évidemment qu'une réminiscence de ses premières lectures.

Arrivé en quatrième, Jules *petit Bineau* déclara qu'il ne voulait plus retourner au collége, alléguant, pour justifier cette brusque détermination, qu'il avait les vers latins en horreur profonde.

Il a voué depuis une haine égale aux vers français.

Ne s'expliquant pas cette aversion bizarre, Théophile Gautier voulut, un jour, enseigner la prosodie à ce contempteur incorrigible des poëtes.

— Enfin, dit l'illustre maître, conviens qu'il est par trop ridicule de repousser la versification.

— Pourquoi?... Tu repousses bien la musique [1]! riposta Champfleury. Dès que tu considères un piano comme une armoire, laisse-moi dire que les rimes sont des clochettes.

Il n'y eut plus moyen de s'entendre.

Si l'auteur de *Mademoiselle Mariette*, en quittant le collége, n'avait qu'une très-médiocre connaissance des langues

[1] Malgré cent cinquante ou deux cents feuilletons qu'il a rédigés à diverses époques, sur des symphonies ou des opéras, Théophile est l'écrivain le plus *musicophobe* des temps modernes.

grecque et latine, en revanche il déchiffrait au mieux les triples croches et sonnait admirablement du cor [1]. Mais sa famille trouva que ceci ne constituait point une éducation; elle envoya le jeune homme dans une école supérieure où l'on n'enseignait que la littérature et les langues vivantes.

Deux années après, M. Fleury, secrétaire de la municipalité de Laon, prit son fils avec lui, dans l'espoir qu'il arriverait à lui succéder un jour. Mais, ayant osé, par malheur, avoir quelques idées neuves en administration, le pauvre secrétaire fut cassé brutalement aux gages et sortit avec

---

[1] Il se distinguait aussi sur le violoncelle à l'orchestre du théâtre de Laon. Ses relations un peu folles avec les actrices et les acteurs de province lui ont inspiré *les Ragolins*, une des plus jolies nouvelles des *Contes d'été*.

son fils des bureaux de l'Hôtel de Ville.

Champfleury ne pardonne point à ses compatriotes l'intrigue dont fut victime l'auteur de ses jours. Il a consacré jusqu'alors à la vengeance une bonne moitié des élucubrations de sa plume, et son curieux livre des *Bourgeois de Molinchart* [1] n'a pas été goûté le moins du monde, assure-t-on, dans le chef-lieu du département de l'Aisne.

Toujours très-amateur de lecture, Champfleury s'imagina que le métier de libraire était le seul qui pût lui donner plein contentement de ses goûts.

Il prit, un beau matin, la route de la capitale, et se fit admettre, en qualité de commis, dans une maison très-importante

---

[1] Ce roman de Champfleury a été publié par le journal *la Presse*.

du quai des Grands-Augustins. On s'occupait exclusivement dans cette maison du placement des œuvres de Balzac et d'Eugène Sue.

Mille volumes furent déposés, chaque jour, en paquets énormes, sur les épaules du jeune provincial, qui n'eut pas même l'autorisation d'en lire un seul.

Il en fallait beaucoup moins pour le dégoûter à tout jamais de la profession de libraire.

Désertant au plus vite avec deux autres commis, dont l'humérus était aussi disloqué que le sien[1], Champfleury se reposa six mois de ses fatigues, profitant de quelques écus qui lui restaient en poche pour culti-

[1] L'un de ces jeunes gens est aujourd'hui banquier, en province; c'est le frère du ministre Fortoul. Le second a pris rang parmi nos peintres distingués; il se nomme Chintreuil.

ver la connaissance de nombre de rapins à longue crinière et d'une foule d'artistes dramatiques au talent méconnu. Sa bourse, comme on se l'imagine bien, ne tarda pas à loger le diable. Il s'aguerrit alors à la misère joyeuse, narguant les privations et riant au nez de la faim, qui parfois resta plusieurs jours assise à la porte de ce phalanstère de bohèmes.

M. Fleury, qui venait d'acquérir un atelier typographique [1] et de fonder un journal, rappela son fils dans la vieille cité picarde.

Celui-ci devait bientôt la remplir de trouble et de désordre.

Le jour, il aidait son père dans ses tra-

[1] Le frère de notre héros, Édouard Fleury, est aujourd'hui à la tête de cet établissement. Outre sa qualité de maître typographe, M. Édouard Fleury est auteur de quelques ouvrages de philosophie économique et d'études remarquables sur les hommes de 93.

vaux d'imprimeur, et la feuille périodique lui permettait de faire ses premières armes en littérature.

Mais, le soir venu, ses occupations étaient d'un tout autre genre. On le vit se livrer dans les bals du faubourg à des évolutions chorégraphiques importées de la Grande-Chaumière ou de la Chartreuse. Puis il se déclara le chef d'une bande de six vauriens intrépides qui, chaque nuit, profitant du sommeil des bourgeois paisibles, démolissaient et bouleversaient tout.

Fort heureusement pour la tranquillité de sa ville natale, Champfleury prêta l'oreille aux insinuations du diable littéraire, qui lui conseillait, en vertu de quelques articles passables insérés dans la feuille laonnoise, de reprendre le chemin de Paris, où devaient nécessairement se dérouler pour le jeune rédacteur les plus larges horizons de la gloire.

Il revint donc au milieu de sa troupe originale de cabotins et de peintres.

Elle s'était accrue, pendant son absence, du futur romancier Murger et de *Chien-Caillou*, ce misérable graveur à l'eau-forte, sur lequel notre héros a écrit une simple nouvelle de trente pages que Victor Hugo, le premier, regarda comme un chef-d'œuvre.

Le grand poëte, après avoir lu *Chien-Caillou*, ne tarissait plus en louanges. Il priait tous ses intimes de complimenter l'auteur. Enfin il daigna lui écrire :

« Monsieur,

« Vous avez médité sur ceux qui souffrent, et moi aussi. Un soir que vous passerez place Royale, nous causerons de toutes ces choses graves, qui ne préoccupent point les législateurs et les gouvernants, et qui préoccupent ces espèces de rêveurs frivoles qu'on appelle des poëtes. »

Champfleury se dirigea donc vers la place Royale, afin de rendre visite au maître.

Victor Hugo dînait avec sa famille. On introduisit le jeune homme dans ce vaste salon, déjà connu de nos lecteurs, et tout encombré de tapisseries de haute lisse, de bahuts, d'armures, de tableaux précieux.

Sans prendre garde au magnifique dais de velours dressé au fond de la pièce, non plus qu'à l'oriflamme de Saint-Denis et aux reliques innombrables entassées là pour glorifier le moyen âge, l'auteur de *Chien-Caillou* se prit à tomber en extase devant un gros chat, couché sur un tapis de l'Inde, et qui se chauffait paresseusement au foyer.

La race féline a toutes les sympathies du jeune conteur.

Nous trouvons un chat dans les *Contes domestiques*, et celui de *Mademoiselle Mariette* est véritablement un matou d'une distinction rare. Ouvrez le cabinet de notre réaliste, vous y apercevrez une foule de chats en broderie ou en peinture.

Donc Champfleury s'approcha de l'angora du poëte.

Il voulut lui faire quelques amitiés, que celui-ci repoussa d'abord en jurant et en dressant le dos. Néanmoins le jeune homme réussit à l'amadouer à force de caresses; il entra pleinement dans les bonnes grâces de l'animal, et quand, le dîner fini, toute la famille Hugo parut au salon, le père de *Notre-Dame* en tête, on vit

Champfleury qui se roulait avec le chat sur le tapis de l'Inde.

— Victor Hugo s'émerveilla de l'originalité du visiteur.

Au lieu de *causer de ceux qui souffrent*, on passa la soirée à dire toutes sortes d'histoires plaisantes sur les chats. S'il eût été permis à Buffon de revenir un instant de l'autre monde, la conversation lui aurait paru fort instructive.

Hugo, du reste, renouvela ses louanges au sujet de la touchante histoire du graveur à l'eau-forte.

Champfleury travaillait alors au *Corsaire*, et nous lui devons un très-curieux portrait du rédacteur en chef de cette feuille, M. Lepoitevin-Saint-Alme.

Ce vieil homme de lettres avorté (nous parlons au point de vue de la réputation) traitait les jeunes écrivains avec une rare insolence. Il en avait toujours douze ou quinze pour collaborateurs, qu'il baptisait du nom très-irrévérencieux de *petits crétins*.

Quant à leurs articles, il les appelait non moins irrévérencieusement des *crottes*.

Le soir même de la visite à la place Royale, notre rédacteur en chef, rencontrant Champfleury dans les bureaux du *Corsaire*, lui donna sur l'épaule deux ou trois tapes familières, en disant :

— Soyez le bienvenu, mon petit crétin. Nous apportez-vous des crottes ?

— Monsieur ! répondit l'auteur de *Chien-Caillou*, d'autant plus offusqué de cette impertinence, que les éloges de Victor Hugo retentissaient encore à son oreille, apprenez que ces crottes-là sont taillées comme des pierres fines !

— Ah ! miséricorde ! s'écria le vieux journaliste, voici mes crétins qui tombent dans le péché d'orgueil !... Où allons-nous ? où allons-nous ?

En attendant, il eut pour Champfleury, à dater de ce jour, une considération particulière et lui épargna toute espèce d'apostrophe désobligeante.

Lepoitevin-Saint-Alme payait ses rédacteurs le moins possible, en sorte que notre héros, bien que passablement connu déjà[1], n'était point riche. Il habitait une mansarde, dont le mobilier se composait d'un lit en bois peint, d'une table et d'un vieux fauteuil.

[1] *Pauvre Trompette*, et *Feu Miette*, deux petits volumes, avaient suivi la publication de *Chien-Caillou*,

Dans un grenier qu'on est bien à vingt ans.

Mademoiselle Mariette et Champfleury purent tout à leur aise faire écho à Lisette et à Béranger. Ces dames, aussi folles l'une que l'autre, aussi coquettes et aussi séduisantes, eurent plus d'une fois à se reprocher les mêmes torts.

J'ai su depuis qui payait sa toilette.

Champfleury, dans ses œuvres, a raconté fort en détail toutes ces délicates histoires, et peut-être même avec un excès de *réalisme* dont la morale devrait se plaindre.

Lisez *les Aventures de mademoiselle Mariette*, si bon vous semble, et laissez-nous tirer le rideau.

Voyant qu'il avait un assez grand nombre de nouvelles pour en composer un volume, le jeune homme parvint à inspirer, nous ne savons plus à quel imprimeur, une confiance sans limites, et les frères Martinon reçurent en dépôt son premier livre. On n'en vendit pas quinze exemplaires. Heureusement le journalisme était là pour consoler Champfleury et lui donner toute la publicité que lui refusait le volume. *Les souffrances de M. le professeur Delteil,* — *les Trios des Chenizelles* et *les Ragotins* obtinrent dans *la Revue de Paris* un succès de bon aloi.

Mais alors même, quittant les journaux et renonçant à ses études réalistes, notre romancier se dirige vers le boulevard du Temple, ouvre la porte des Funambules et s'amuse à barbouiller de farine le visage de Pierrot.

Sans dire gare et tout à fait à l'improviste, il devient l'auteur de pantomimes le plus distingué de son époque. Cinquante colonnes du feuilleton de *la Presse* l'affirment au public. Les comptes rendus sont signés Gérard de Nerval ou Théophile Gautier.

Quelle gloire !

Dites à Champfleury qu'il a ressuscité Deburau dans la personne de Paul Legrand, vous le rendrez le plus heureux des hommes.

Il espérait bien aussi doter les Funambules d'une Colombine de premier choix ; mais l'actrice à laquelle il prodiguait ses conseils était d'un caractère beaucoup trop folâtre pour en tirer profit. Elle ne fut pas même touchée de cette missive doucement ironique, publiée depuis dans les *Contes d'automne*.

CHAMPFLEURY.

LETTRE A COLOMBINE.

« J'ai à me plaindre de toi; tu tournes à la grande actrice et tu ne me sembles pas exécuter ta danse d'une façon sérieuse. Crois-tu que tu t'es cassé les jambes dans ta jeunesse avec un maître pour t'amuser par la suite à rire avec les comédiens sur le théâtre, à regarder dans la salle ce qui s'y passe et à faire de petites grimaces au chef d'orchestre? Si tu continues longtemps ce commerce, Colombine, il vaudrait mieux pour toi tâcher d'obtenir un bon bureau de tabac.

« Il passe toute la journée une quantité de jeunes gens parmi lesquels on rencontre facilement trois ou quatre adorateurs; l'art du cornet de papier ne demande pas de longues études : aie soin d'avoir une petite patte de lapin blanc avec laquelle tu ramasseras les bribes de tabac sur le comptoir; tu les mêleras adroitement au tabac frais, afin de ne rien perdre, et tu arrangeras le tout de telle sorte que le consommateur ne se doute pas que tu lui as servi au moins moitié miettes. Quant aux cigares, il est bon de procéder à la visite des boîtes de la régie et de trier ceux qui sont les mieux faits, pour les mettre dans une boîte spéciale destinée à la clientèle riche; les mauvais cigares mal faits, verts, humides, sont réservés à la population flottante parisienne qui ne fait que passer par hasard dans ta boutique plutôt que dans celle d'à côté; cette population fume pour avoir quelque chose dans les lèvres, et ne s'inquiète pas de la bonne qualité des cigares. Certainement tu feras une jolie marchande de tabac. J'oubliais encore une recommandation : quand un jeune homme, ou plutôt un homme d'un certain âge, jette sur le comptoir une pièce d'or en demandant un cigare de cinq sous, ne manque pas de lui dire : « Trois bien secs, monsieur; » c'est la formule que j'ai surprise à une marchande du boulevard Montmartre, l'illustre Lolo, qui est en train de faire une fortune avec le *trois bien secs*, comme d'autres avec le trois-six. Tu comprends, mon amie, qu'il est difficile de refuser une jolie femme qui vous offre un petit paquet artistement fait, contenant trois cigares, et qui vous les garantit bien secs avec un doux sourire. Il faut être tout à fait manant pour refuser; et il se trouve qu'au bout de la journée tu peux avoir pris à ce piège une centaine d'hommes polis, c'est-à-dire que, par un simple morceau de papier, tu as forcé la vente de deux cents cigares.

« Ne trouves-tu pas mon idée heureuse? Quand une comédienne croit qu'elle est sur les planches pour s'amuser, mieux vaut pour elle s'adonner à l'un de ces petits commerces. Il est plus facile de trôner dans un débit de tabac qu'au théâtre. »

Cette lettre, d'une délicatesse charmante, écrite à une Colombine des Funambules, devait nécessairement rester incomprise. Peut-être la contrariété qu'en éprouva Champfleury le ramena-t-il plus vite à ses contes. Les lecteurs n'y ont rien perdu.

Vers ce temps-là, son modeste mobilier fut saisi par un impitoyable propriétaire, et, pour la troisième fois, il alla demander asile à ses amis les bohèmes.

On l'accueillit à bras ouverts.

La bande était augmentée de Pierre Dupont, des peintres Courbet, Bonvin, Chintreuil, et d'une douzaine d'autres artistes et littérateurs pleins d'avenir, très-pauvres d'argent, mais riches en gaieté.

Tous travaillaient, chantaient, philosophaient dans un garni commun de la rue

des Canettes[1], où l'abondance ne régnait
pas tous les jours.

Quand le dîner manquait à l'appel, un
de nos bohèmes ouvrait *la Cuisinière
bourgeoise*, y cherchait la formule des
mets les plus exquis, lisait à haute voix
cette formule, et les estomacs se déclaraient immédiatement satisfaits.

Si, par hasard, un des hôtes du garni
se trouvait en fonds, la pittoresque phalange débouchait, comme un seul homme,
de la sombre allée du garni, traversait la rue
des Canettes avec la rapidité de l'ouragan
et courait s'abattre tantôt sous les tilleuls

[1] Non loin du fameux cabinet de lecture de madame Cardinal, chez laquelle Murger et Champfleury louaient les livres. Cette excellente femme, dont ils ont parlé dans leurs œuvres, ne prononce jamais leur nom sans un vif sentiment d'orgueil et de reconnaissance : « — Je les ai connus! s'écrie-t-elle. Ils venaient me voir. C'est là tout en face qu'ils demeuraient, mes auteurs! »

de la Chartreuse, tantôt sur les banquettes du parterre de l'Odéon, pour y siffler les pièces de M. Ponsard.

Dejà fort indisposé contre cet écrivain, Champfleury poussa la haine, un soir, jusqu'à le vouer aux dieux infernaux.

Voici pour quel motif.

A une représentation de *Lucrèce*, ayant protesté contre le genre avec trop de chaleur, on le mit à la porte, et, comme il opposait quelque résistance, un municipal fanatique jugea convenable, non-seulement de le pousser dehors, mais aussi de lui administrer deux pouces de baïonnette dans la partie la plus charnue de sa personne.

L'humiliation était grande, si la blessure n'était pas dangereuse, et Champfleury déclara qu'il exécrerait Ponsard aussi longtemps que durerait la renommée de ce tragique.

Sa haine, en conséquence, pourrait bien n'être que passagère.

Dans *les Confessions de Sylvius*[1], notre écrivain reproduit en détail toutes ces mœurs extravagantes. Il étudie sur le vif les grands hommes du ruisseau, les personnages étranges de l'atelier, si terribles par leurs charges grotesques et leurs *scies* éternelles.

Messieurs les rapins sont dessinés là de pied en cap.

Tout doit finir en ce monde, principa-

---

[1] Une des nouvelles réunies dans *les Contes vieux et nouveaux*, par l'éditeur Michel Lévy. Ce livre, avec *les Excentriques*, forme la première manière de l'auteur. On y trouve des croquis d'une naïveté parfaite, et dont le plus grand charme, selon nous, consiste dans l'inexpérience même du jeune écrivain, qui ne savait pas encore par quels procédés on combine dans un roman l'action des personnages.

lement la vie de bohème. Il est bon de le répéter à une foule de jeunes étourdis trop prompts à croire que le métier d'homme de lettres, le plus difficile et le plus ardu de tous les métiers, s'apprend à la Chaumière.

Lorsque, plus tard, notre héros publia les *Aventures de mademoiselle Mariette*, il était rentré depuis longtemps dans la vie réelle. Sa préface à miss G***, dont le dévouement amical a eu, dit-on, sur son avenir, une si grande influence, montre un homme nouveau. *Les Contes domestiques* sont une calme peinture de la vie des petites provinces, et l'esprit du conteur marche, à partir de cette œuvre, vers des inspirations plus sages.

Du reste, au milieu de ses folles journées bohémiennes, que la bibliothèque fût royale, nationale ou impériale, Champfleury ne manquait jamais d'y passer, chaque jour, quatre ou cinq heures, penché sur des livres, et se formant une éducation préférable à celle du collége.

Il a été, sans contredit, dans ces derniers temps, un des collaborateurs les plus estimés du *Corsaire*, de *l'Artiste* et de *la Revue de Paris*.

En 1848, nous le trouvons au nombre des fondateurs de *l'Événement*.

Ne tirez de ceci nulle conséquence fâcheuse au sujet de ses opinions.

Champfleury n'est affligé d'aucune teinte rubiconde. Il n'accepte pas les systèmes plus ou moins burlesques par lesquels nos judicieux démocrates ont eu, dans ce siècle, la prétention de remplacer le christianisme. Devenu par hasard ami du fameux Jean Journet, il n'emprunta rien, absolument rien, aux doctrines de ce bizarre apôtre, et se contenta de le peindre dans ses *Excentriques*. La ressemblance est parfaite.

Imaginez-vous que ce Jean Journet avait une manie aussi déplorable qu'alarmante : en sa qualité de fouriériste de premier choix, ce qui ne constitue pas l'idéal de la délicatesse et de la pudeur, il prêchait éternellement l'inconstance aux femmes de ses amis.

Entrant un jour à l'improviste, l'auteur de *Chien-Caillou* le surprend aux genoux de Mariette.

Jean Journet la suppliait, au nom de Fourier, de lui octroyer, à lui l'apôtre, une faveur que la trop sensible fille accordait bien sans l'invocation d'une aussi puissante autorité.

Champfleury leva sa canne, ainsi que tout autre l'eût fait à sa place en pareille occurrence.

Mais le bon apôtre tendait les épaules avec une résignation si courageuse, que Champfleury s'écria :

— Te rosser !... ma foi, non !... Ce ne serait plus aussi drôle. J'aime bien mieux raconter demain l'histoire dans le *Corsaire*.

Et Champfleury la raconta.

Vers 1849, eut lieu, dans *la Voix du Peuple* la publication d'un roman rustique ayant pour titre les *Oies de Noël*[1]. Ce

---

[1] Tout ce que nous avons cité jusqu'à présent de œuvres de Champfleury, comme tout ce que nous citerons encore, a été réuni en volumes, à la librairie Hachette, sous les titres génériques de *Contes d'automne,* — *Contes d'été,* — et *Contes de printemps*. L'auteur a disséminé, en outre, dans les Revues et dans les feuilles périodiques, nombre d'articles Beaux-Arts très-savants. On ne doit pas oublier non plus dans la collection de ses œuvres une étude biographique charmante sur les célèbres frères Lenain.

nouveau livre du jeune conteur obtint un succès franchement populaire. Il se distingue par un sens merveilleux des choses simples et par une peinture fidèle de la vie domestique.

Tandis que les *Oies de Noël* se publiaient, au plus fort de la Révolution, dans le plus révolutionnaire de tous les journaux, notre auteur, se trouvant, un soir, à courir les rues passé minuit, propose à un camarade qui le suivait d'entrer dans un de ces restaurants borgnes toujours ouverts aux environs de la Halle.

Comme ils soupaient au milieu de la foule indescriptible qui encombre ce genre d'établissements, son compagnon, qui n'était pas très-fort sur le chapitre de la prudence, articule très-haut, à diverses reprises, le nom de Champfleury.

Aussitôt un homme à longue barbe et à figure sinistre quitte une table voisine et s'approche de nos soupeurs:

— Tu te nommes Champfleury, citoyen? demande-t-il d'une voix rude.

— Oui, c'est mon nom, murmure notre héros en le considérant avec une sorte d'épouvante.

— Est-ce toi qui fais les *Oies de Noël?*

— C'est moi-même.

— Sacrebleu! mais il faut que je t'embrasse, alors! Je lis ton feuilleton tous les jours... il est superbe! Voyons, ne fais pas la bégueule... Embrasse-moi!

Champfleury dut en passer par l'accolade.

Or l'enthousiasme naïf de cet homme brutal, qui avait l'encolure d'un des plus fougueux montagnards de Caussidière, lui démontra victorieusement qu'on peut être compris par tous, en reproduisant des scènes tranquilles et simples. Les *Oies de Noël* sont conçues dans la manière douce de Dickens. Un écrivain se créera donc aisément des lecteurs parmi les masses populaires en restant dans le domaine pur des lettres, sans recourir aux acides violents de la politique.

Agé de trente-quatre ans à peine, et déjà célèbre à un âge où Rousseau n'avait point encore écrit une ligne, Champfleury devait être discuté sévèrement par nos aristarques.

Il trouva surtout derrière ses talons quelques-uns de ces gentilshommes surannés, qui font de la littérature par désœuvrement, pour se donner un genre, absolument comme d'autres s'occupent de turf. Ces messieurs, grâce à la fortune bien

plutôt qu'au génie, peuplent leurs salons
d'admirateurs à gages. Ils achètent un
quart de Revue, tout exprès pour y publier
les enfants malingres de leur imagination
lymphatique; graissent la patte aux éditeurs
pour arriver au retentissement du volume,
achètent, à raison de *quinze centimes* la
ligne, nombre de comptes rendus élogieux,
et finissent par se croire, à une heure
donnée, les régents du beau langage et du
grand style.

Toujours la vraie gloire les offusque,
par la raison très-simple que le chrysocale
est humilié par l'éclat durable de l'or.

Un de ces gentilshommes, le comte Armand de Pontmartin, jeune littérateur
royaliste de soixante-cinq ans, eut l'idée
regrettable d'éreinter, dans plusieurs arti-

cles successifs, Béranger, Gérard de Nerval et Champfleury.

Que répondre à ce voltigeur Louis XV de la littérature? Le réfuter, c'était lui donner de l'importance. Quant à critiquer ses livres, impossible : il n'y a rien dedans. Champfleury l'attaqua par son côté vulnérable, c'est-à-dire, par le grotesque. Il le cloua tout vif dans une préface désopilante, sous le nom de comte Armand de *Potmartin*.

Un N enlevé suffit à sa vengeance.

Aujourd'hui ce nom de *Potmartin*, dans le domaine du ridicule, marche sur la même ligne que ceux du peintre Galimard, du littérateur Tartempion, du père Aymès et du sire de Franç-Boisy.

Chaque fois que le noble comte publie un volume, les critiques ne manquent pas de recevoir le lendemain une carte de visite armoriée, sur laquelle sont gravés ces mots en lettres d'une finesse aristocratique :

COMTE ARMAND DE PONTMARTIN.

L'auteur de *Chien-Caillou* poursuit sa vengeance avec le calme satanique de Machiavel.

Un jour, M. Buloz dit à Champfleury :

— Je vous annonce, mon cher, que M. de Pontmartin vous trouve beaucoup de talent.

— Pas possible !... Il a changé d'avis ?... Eh bien, moi, je persiste dans mon opinion sur ce gentilhomme.

— Ah ! jeunesse injuste ! fit Buloz.

Trois mois après éclate le scandale au sujet de Béranger [1]. *La Revue des Deux*

---

[1] Un autre Zoïle devait reprendre, en seconde main, ces indignes attaques contre le poëte national. Nous en parlerons dans la biographie de Louis-Jésuite.

Mondes prend une poignée de verges, fouette rudement monsieur le comte, et lui signifie de porter ses articles ailleurs. Changeant alors de langage, Buloz répète à qui veut l'entendre :

— Champfleury a raison, c'est un *Pot-martin !*

Lorsque la critique maltraite un auteur, le procédé le plus simple est de citer au hasard quelques passages des livres qu'elle incrimine, afin de la confondre et de démasquer sa mauvaise foi.

Veuillez d'abord jeter les yeux sur un court fragment tiré des *Quatuors*, nouvelle délicieuse dont *la Revue de Paris* a eu la primeur.

« Rien n'est plus imposant que de voir quatre musiciens assis devant leurs pupitres.

« Ce sont quatre ouvriers qui exécutent un travail plein d'intérêt. Ils ont le contentement et l'orgueil naïf des charpentiers qui montrent le chef-d'œuvre.

« On cause encore à petit bruit dans la salle que l'introduction envoie ses premiers accords : cela sert de débrouillement aux idées du compositeur; cela échauffe les musiciens. La grande clarté n'est pas encore nécessaire; il ne faut pas effrayer les yeux avec le soleil de midi. Déjà la foule écoute.

« Les quatre instruments sont en plein quatuor; ils trottent pour ne pas se fatiguer d'abord. Il me semble que quatre voyageurs se sont rencontrés à l'auberge, le soir à souper; ils se lèvent de bon matin, boivent un petit coup en marchant gaîment dans la plaine...

« Le ciel est bleu, et il souffle un vent frais.

« La conversation s'anime; le violon raconte quelque bonne plaisanterie à son ami le second violon; l'alto l'a entendu et la redit au violoncelle, qui, en brave bourgeois, se la répète avec gravité pour la retenir et en faire jouir sa famille.

« Par moment, les quatre voyageurs parlent ensemble; mais les deux violons, plus alertes, marchent en avant, se font des confidences, et laissent par derrière l'alto et la basse, qui ne restent pas sans bavarder.

« De temps en temps on se repose pour mieux marcher. Ne croyez pas que la conversation va tomber. Une exclamation part d'un côté : c'est l'alto; une interrogation part de l'autre : c'est le violon. Et une aimable folie règne parmi les quatre compagnons, qui se disent les choses les plus gaies du monde.

« Mais le rire qui dure trop devient malséant.

« Le violon fait trêve à ses plaisanteries en racontant une histoire un peu mélancolique. L'honnête alto comprend bien l'histoire, car il en a été témoin, et il ajoute même bien des détails que ne connaissait pas le violon.

« Il faut voir les sympathies du violoncelle pour ce récit; il pousse des exclamations qui ne sont pas variées, mais qui sont belles, parce qu'elles sont sincères. « Ah! mon Dieu! répète-t-il à tout « instant, ah! mon Dieu! »

« L'histoire mélancolique est si bien racontée, que tous les quatre gémissent sur cet événement si touchant. Tout d'un coup on aperçoit un village dans le lointain; on oublie tout, les gais propos, la mélancolie, la fatigue du chemin, pour se donner une poignée de main.

« La route est finie, les quatre amis se séparent. »

Est-il possible, nous le demandons, de trouver un style descriptif plus original, plus délicat et plus simple?

Si nous voulons maintenant lire quelques

pages d'une sensibilité profonde, il nous suffira d'ouvrir *Grandeur et décadence d'une serinette,* et la nouvelle qui a pour titre *Carnevale*[1]. Ou nous avons le malheur d'être organisé différemment que les autres hommes, ou chacun sentira comme nous son œil devenir humide en écoutant la prière de la petite fille du vieil organiste Freischmann. L'enfant joint les mains à son réveil, et s'adresse à sa mère, qui n'est plus :

« Maman Grete, j'ai encore bien dormi en pensant à vous. Maman Grete, puisque vous êtes dans le ciel en compagnie des anges, faites que papa soit toujours heureux. Adieu, maman Grete. »

Suivons à présent au cimetière le pauvre fou Carnevale. Il dépose sur la tombe de sa femme morte la lettre que voici :

[1] *Contes vieux et nouveaux.*

« Amie,

« Vous ne me répondez pas. Vous savez cependant que je vous aime. Est-ce que les distractions de l'autre pays vous font m'oublier? Ce serait bien mal, bien mal. Voilà déjà cinq jours, cinq longs jours, que j'attends de vos nouvelles. Je ne dors plus, ou, si je m'assoupis un peu, c'est pour rêver de vous.

« Pourquoi ne m'avez-vous pas laissé votre adresse? Je vous aurais envoyé vos robes, vos habits... Ou bien plutôt ne me les redemandez pas, laissez-les-moi, de grâce. Je les ai mis sur des chaises, et il me semble que vous êtes là, dans une pièce à côté, et que vous allez entrer pour vous habiller. Et puis ces vêtements qui vous ont touchée embaument ma petite chambre; alors je suis heureux en entrant.

« Je voudrais avoir votre portrait, mais bien fait, bien ressemblant, qui puisse rivaliser avec l'autre, car j'en ai un autre; il est dans mes yeux, et celui-là ne s'altérera pas. Que je ferme les yeux, que je les ouvre, je vous vois sans cesse... Ah! mon amie, qu'il est habile, le grand artiste qui veut bien me laisser ce portrait!

« Adieu, amie; répondez-moi demain, aujourd'hui si vous pouvez. Si vous êtes trop occupée, je ne vous demande pas une page ni une ligne, trois mots seulement. Dis-moi que tu m'aimes toujours.

« CARNEVALE. »

Mais assez sur le chapitre de l'éloge.

Tout en professant beaucoup d'estime pour les qualités littéraires de l'ex-amoureux de mademoiselle Mariette, nous avons le regret de signaler en lui deux vices abominables.

Le premier consiste à glisser dans toutes les Revues où la surveillance n'est point assez active des articles pleins d'enthousiasme sur les tableaux saugrenus de M. Courbet. Le second, moins dangereux, mais aussi répréhensible, si l'on consulte les maximes du goût, porte notre héros à entasser chez lui, sur un dressoir de campagne, des vases et des cuvettes rustiques, des plats et des saladiers à coq, tout ce qui tient, en un mot, à l'art sauvage de la poterie.

Au milieu de cette vaisselle, on remarque un pot gigantesque, d'une capacité de trois litres au moins, et portant cette inscription sur son ventre énorme :

« *Le demy-septier de frère Louis Germain.* »

Par une perversité qui n'a point d'exemple, Champfleury a fait tout exprès fabriquer ce pot géant. Il rit d'avance de toutes les sottises que messieurs les académiciens pourront débiter là-dessus quelque jour.

— Bien certainement, dit notre perfide archéologue, ils écriront « que Rabelais a connu le joyeux moine qui prenait ce petit tonneau pour un *demy-septier.* »

Champfleury remue ciel et terre depuis dix-huit mois, afin d'établir une manufacture de faïence peinte, dont il ambitionne la direction.

FIN.

Ma chère amie, quand vous aurez le temps venez écouter des Duos d'Hoffmann que je vous jure que vous ne regretterez pas votre course. Si en jouant les meadres convenablement, il serait curieux de les faire entendre au public à de confondre l'ignorance de M. Berlioz qui ne dira à moi que c'était de la musique de littérateur. Un de ces jours j'irai à Berlin causer de cette musique avec M. Mudup, le seul qui ait écrit quelques mots très sensés sur les œuvres de Hoffmann, mais il vaut mieux juger par soi-même de cette musique que de lire le meilleur morceau de critique. Je vous attends donc demain soir à 7 h. 1/2, Schumann viendra de nous jouer Mdeselle du XXX que je regarde comme un petit chef-d'œuvre de son genre.

Tout à vous mon ami
Chevigny

www.ingramcontent.com/pod-product-compliance
Lightning Source LLC
LaVergne TN
LVHW050634090426
835512LV00007B/851